LES CAMPAGNES

DE LA

GRANDE ARMÉE

PAR

GUSTAVE GÉRARD

1805

Première Campagne d'Autriche
Capitulation d'Ulm

LIVRE PREMIER

PRIX : 30 CENTIMES

PARIS
ADOLPHE DELAHAYS, LIBRAIRE
Rue Voltaire, 4 et 6
ET CHEZ L'AUTEUR, 54, RUE SAINT-ROCH

1854

LES CAMPAGNES

DE LA

GRANDE ARMÉE

PARIS. — TYP. SIMON RAÇON ET Ce, RUE D'ERFURTH, 1.

LES CAMPAGNES

DE LA

GRANDE ARMÉE

PAR

GUSTAVE GÉRARD

1805

Première Campagne d'Autriche
Capitulation d'Ulm

LIVRE PREMIER

PARIS
CHEZ DELAHAYS, LIBRAIRE-ÉDITEUR
rue Voltaire, 4 et 6
ET CHEZ L'AUTEUR, 34, RUE SAINT-ROCH
1854

LES CAMPAGNES

DE LA

GRANDE ARMÉE[1]

1805

PREMIÈRE CAMPAGNE D'AUTRICHE

CAPITULATION D'ULM

I

Le camp de Boulogne. — Revues et manœuvres. — Enthousiasme et dévouement des soldats pour la personne de l'Empereur.

Le 3 août 1805, la ville de Boulogne était tout en émoi ; ses rues, pavoisées de drapeaux, avaient peine à contenir les flots des populations qui s'y pressaient de toutes parts. Les cloches sonnaient à toute volée, l'artillerie tonnait, les tambours battaient et les aigles s'inclinaient : à ce moment même l'Empereur faisait son entrée dans la ville ; il venait se mettre à la tête de ses troupes.

Cent soixante mille hommes de la plus belle armée qui fut jamais, de cette armée du camp de Boulogne, dont Napoléon avait éprouvé chaque régiment et, pour ainsi dire, chaque soldat, étaient là, réunis, concentrés depuis le Texel jusqu'à Etaples. Ils n'attendaient que le signal du départ et le demandaient même à grands cris ; mais l'Empereur, qui avait ses raisons pour le différer, modérait leurs bouillants courages.

Pour mieux tromper ces heures toujours si longues de l'attente, et faire diversion à sa propre impatience ainsi qu'à celle de ses soldats, Napoléon les tenait sans cesse en haleine ; il employait ses journées en inspections, en revues et en exercices de toute sorte. Tantôt c'était le camp qu'il visitait dans le plus minutieux détail ; un autre jour, les ports et les bâtiments où se trouvait une partie de ses troupes ; le lendemain, cent mille hommes de son infanterie prenaient place à sa voix, rangés en une seule et immense ligne, au bord de ces falaises et de ces dunes battues et secouées par les vagues de l'Océan. L'Empereur se plaisait à ces grandes scènes militaires; il aimait à se retrouver face à face avec tous ces mâles visages qu'il avait connus en Égypte et en Italie, et qui lui rappelaient ses plus belles victoires.

Chaque matin, lorsqu'aux premières blancheurs de l'aube les tambours et les trompettes venaient à battre ou à sonner la diane, Napoléon, levé bien avant l'heure, assistait au réveil de son armée. En un clin d'œil, fantassins et cavaliers étaient sur pied et exécutaient devant lui des simulacres d'attaque et de défense. A les voir si prestes et si pleins d'ardeur, on eût dit qu'il leur communiquait quelque chose de sa dévorante activité. Avec quel entrain, quelle promptitude et quel ensemble, soldats, officiers et généraux répétaient toutes ces rudes manœuvres, en attendant le jour de s'en servir contre l'ennemi! Et combien ils étaient heureux de penser que ce jour ne tarderait pas à luire!

Cette certitude, si douce à leur cœur, soulevait et faisait battre toutes les poitrines,— celles chargées d'épaulettes ou chamarrées d'or — comme celle du simple conscrit. Chez tous, c'était le même élan, le même enthousiasme. Vous n'entendiez partout que propos héroïques, que protestations de dévouement à l'Empereur et à la France ; vous n'aperceviez partout que pyramides, obélisques, arcs de triomphe, colonnes en bois, en pierre, en rocaille, où s'étalaient des inscriptions comme celles-ci :

VIVE L'EMPEREUR ! *Vive la France !* LA 32e DEMI-BRIGADE, *renouvelée trois fois dans la campagne d'Italie, combattra comme à Rivoli et à Montenotte,* UN CONTRE DIX ! — 52e DEMI-BRIGADE : *Tout pour l'honneur! tout pour la France!* etc., etc.

Quels soldats ! et quelle armée ! L'Empereur en était fier et tout émerveillé. Il se disait qu'avec de pareils hommes il pourrait défier l'Europe entière, et que si l'on osait attaquer la France, ses étendards flotteraient bientôt sur toutes les capitales du continent.

II

L'Autriche se déclare contre la France. — Fausse protestation de M. de Cobentzel. — Lettre de Napoléon à M. de Talleyrand. — Daru dans le cabinet de l'Empereur. — Improvisation du plan de la campagne d'Autriche.

Ce fut pendant son séjour à Boulogne que Napoléon apprit la levée de boucliers de l'Autriche. Le cabinet de Vienne avait adhéré au traité du 11 avril qui reformait une troisième coalition contre la France.

Ce traité contenait en substance la restitution du Hanovre, l'évacuation complète de la Hollande et de l'Italie par les troupes françaises, l'indépendance de la Suisse; en un mot, le rétablissement de nos frontières de 1792.

Une circonstance qu'il est bon de noter ici, c'est que, le jour même où l'Autriche entrait dans cette nouvelle ligue, M. de Cobentzel, son envoyé près la cour des Tuileries, déclarait officiellement que l'empereur, son maître, *était dans les intentions les plus pacifiques; qu'il souhaitait vivement la reprise des négociations tendantes à rétablir la paix entre la France et l'Angleterre.*

Napoléon fut outré de cette perfidie, il jura d'en aller punir les auteurs jusque dans la capitale des États autrichiens.

« Je lève mes camps de l'Océan,» écrivait-il à son ministre des affaires étrangères, le jour même de la réception de cette nouvelle; « j'entre avec deux cent mille hommes en Allemagne, et je ne m'arrête pas que je *n'aie touché barre à Vienne*, enlevé Venise et tout ce que l'Autriche garde encore de l'Italie, et chassé les Bourbons de Naples. Je ne laisserai pas les Autrichiens et les Russes se réunir, je les frapperai avant leur jonction. »

Tout aussitôt des courriers sont expédiés aux maréchaux et généraux commandants de corps. Napoléon ne perd pas une minute et fait appeler en même temps M. Daru, qui remplissait les fonctions d'intendant général de l'armée.

Il pouvait être trois heures et demie, près de quatre heures du matin, lorsque Daru entra chez l'Empereur.

Daru, ainsi qu'il l'a raconté depuis, trouva Napoléon en proie à une violente agitation, se promenant à grands pas, les mains croisées derrière le dos ; parfois il s'arrêtait pour laisser échapper quelques brusques exclamations, quelques mots sans suite; puis il reprenait sa marche précipitée.

Il y avait une demi-heure que Daru était là, debout et muet, attendant toujours que l'Empereur lui adressât la parole, et ne sachant même pas s'il s'était aperçu de sa présence : Daru n'osait s'en assurer. Cependant les premiers rayons du jour commençaient à dorer les vitres de l'appartement ; leur faible et tremblante lueur, décomposée par l'éclat des bougies, laissait comme flotter sur tous les objets une teinte fantastique, un de ces vagues et mystérieux reflets, qui sont de nature à fortement frapper l'imagination :

Daru crut voir en ce moment le génie de la France planer au-dessus de cette grande figure de Napoléon.

Tout à coup — et comme s'il se fût soudainement réveillé après un songe qui l'aurait obsédé, — l'Empereur prit une chaise et la plaçant devant une petite table de travail :

— Daru, venez ici, dit-il d'un ton très-calme, placez-vous là ; écoutez : écrivez.

Et, s'abandonnant à ses inspirations, Napoléon laissa tomber de ses lèvres, phrase par phrase, et sans se tromper d'un seul mot, la plus prodigieuse improvisation que l'histoire ait recueillie dans ses annales.

Ce n'était rien moins que le plan de la campagne qui devait nous mener d'Ulm à Vienne, et de Vienne dans les plaines de la Moravie, à Austerlitz !

III

Marche des armées autrichiennes. — Levée du camp de Boulogne. — La *Grande armée.* — Retour de l'Empereur à Paris. — L'Électeur de Bavière. — Masséna et l'archiduc Charles. — Départ de Napoléon pour l'armée. — L'Impératrice et le prince Joseph. — Passage du Rhin. — Proclamation de l'Empereur aux troupes françaises et bavaroises. — Tableau de l'effectif de la Grande armée par corps, divisions et brigades.

La dictée dura cinq heures.

De son coup d'œil d'aigle, l'Empereur avait embrassé l'ensemble de toute cette campagne : marche des différents corps, durée des étapes, lieux de convergence et de réunion, et jusqu'aux surprises et aux attaques de vive force, il avait tout prévu, tout arrêté, tout indiqué avec une clarté et une précision mathématiques.

Il ne restait plus à la victoire, pour ainsi dire, qu'à suivre servilement l'itinéraire qu'il lui avait tracé.

Quelques jours de moins passés devant Ulm, et l'armée française faisait, en effet, son entrée dans la capitale de l'Autriche à l'heure même fixée par Napoléon !

Quand l'Empereur eut fini de dicter :

— Partez à l'instant pour Paris, dit-il à Daru, sans même lui laisser le temps de respirer ; mais ayez soin d'annoncer que vous allez à Ostende. Arrivez dans la nuit ; enfermez-vous avec le ministre Dejean, préparez tous les ordres d'exécution pour la marche, les vivres, etc., de manière qu'il n'y ait plus qu'à signer. Faites tout par vous-mêmes, car je ne veux pas qu'un seul commis y mette la main.

Il était, en effet, de la plus haute importance de couvrir ces premiers préparatifs d'une ombre impénétrable, afin d'endormir les puissances étrangères dans une fausse confiance ; il fallait leur laisser croire le plus longtemps possible que le gouvernement français était dupe de leur politique machiavélique, tandis qu'au contraire il connaissait à fond et le but et les détails mêmes du vaste armement préparé contre lui. L'empereur n'ignorait point que deux cent trente mille hommes, formant trois armées distinctes, étaient déjà en marche vers les extrêmes frontières de l'empire autrichien : la première de ces armées, aux ordres de l'archiduc Ferdinand, sous la direction supérieure du général Mack, comptait quatre-vingt-dix à cent mille combattants destinés à envahir la Bavière et à prendre position à Ulm ; la seconde, qui n'était pas moindre de cent mille hommes, allait occuper l'Italie, sous la conduite de l'archiduc Charles; enfin la troisième, commandée par l'archiduc Jean, se dirigeait vers le Tyrol. L'Empereur n'ignorait pas non plus que deux armées russes, de soixante mille hommes chacune, s'avançaient, l'une par la Gallicie sous le général Kutusoff, l'autre par la Pologne sous le général Buxhoewden, et qu'en outre le général Michelson était chargé de former à Wilna une troisième armée dite de réserve.

Tandis que la coalition se flattait ainsi de pouvoir nous attaquer avant que nous ne fussions en mesure de lui opposer des forces suffisantes, trois décrets vinrent lui apprendre coup sur coup qu'il était plus facile d'envoyer des armées contre Napoléon que de le surprendre. Le premier ordonnait la levée du camp de Boulogne ; le second appelait soixante mille hommes sous les armes ; le troisième conférait le titre de *Grande-Armée* aux troupes destinées à combattre la coalition, et qui venaient de recevoir l'ordre de se porter sur le Rhin. Déjà des milliers de soldats sillonnaient toutes les routes ; vingt mille voitures étaient mises en réquisition pour accélérer les transports militaires : ce n'était pas encore la guerre, mais l'image de tout un peuple qui s'y prépare énergiquement.

Le 4 septembre, l'Empereur, de retour à Paris, apprenait que son allié, l'Electeur de Bavière, avait dû abandonner sa capitale à l'approche des Autrichiens. Il expédia aussitôt à Masséna, son lieutenant en Italie, l'ordre d'attaquer l'archiduc Charles. En même temps, il prit toutes les mesures que pouvait indiquer un patriotisme prévoyant, pour préserver le pays d'une invasion : il décréta la formation de trois armées de réserve et de trois camps volants ; il appela sous les drapeaux tous les hommes des cinq derniers contingents qu'on avait laissés dans leurs foyers : d'un autre côté, quatre vingt mille hommes furent levés par anticipation sur la classe de 1806 ; et, enfin, tous les Français âgés de vingt et un ans à soixante, furent convoqués pour concourir à la sûreté des frontières, des côtes et des places de l'intérieur. Au milieu de ce déploiement de toutes les forces défensives du pays, de tous ces camps dont il se couvrait, la Grande-Armée, qui était déjà en marche, n'apparaissait plus, en quelque sorte, que comme l'avant-garde de la grande nation.

Le 24, l'Empereur, après avoir travaillé toute la nuit avec ses ministres, partit en poste de Saint-Cloud, à quatre heures et demie du matin, pour aller prendre le commandement de ses troupes qui commençaient à pénétrer sur le territoire bavarois. L'impératrice Joséphine; le prince Joseph et le ministre de la guerre l'accompagnèrent jusqu'à Strasbourg.

Le 27, l'armée avait enfin retrouvé son César; Napoléon était au milieu d'elle.

Il lui annonçait, dans une proclamation, qu'elle allait avoir des marches forcées à faire, des fatigues et des privations de toute espèce à endurer; qu'il ne fallait compter prendre quelque repos qu'après avoir planté nos aigles victorieuses sur le territoire de nos ennemis.

Aux troupes bavaroises qu'il venait de réunir aux corps de Bernadotte et de Marmont, il faisait entendre le langage de l'honneur : il attendait beaucoup de leur bravoure et se flattait qu'elles se montreraient dignes de combattre dans nos rangs.

Le 1er octobre, Napoléon passa le Rhin avec la garde impériale, et aussitôt nos troupes se dirigèrent à grandes journées sur le Necker.

Avant d'entreprendre le récit de cette mémorable campagne d'Autriche, nous avons pensé qu'on jetterait avec plaisir les yeux sur le tableau suivant de l'organisation et du chiffre des forces de la Grande-Armée par corps, divisions et brigades.

Ce tableau a été dressé sur les états officiels du ministère de la guerre.

TABLEAU

DE

LA GRANDE ARMÉE

L'EMPEREUR NAPOLÉON

COMMANDANT EN CHEF.

maréchal prince Murat, lieutenant. — Le maréchal Berthier, ministre de la guerre, major général.

1er Corps.

Maréchal BERNADOTTE, commandant en chef.
Etat-major, Léopold Berthier; *artillerie*, Eblé; *génie*, colonel Morio.

Div. DROUET. — Brig. Frère, Werlé.
27e légère, 2,326. — 94e de ligne, 2,033. — 95e de ligne, 2,386. — État-major, 16. — Total, 6,761.

Div. RIVAUD. — Brig. Dumoulin, Pacthod.
8e de ligne, 2,205. — 45e de ligne, 2,024. — 54e de ligne, 2,099. — État-major, 16. — Total, 6,344.

Div. KELLERMANN. — Brig. Picard, Van Marisy.
2e de hussards, 720. — 4e de hussards, 637. —

5e régiment de hussards, 766. — 5e de chasseurs, 758. — État-major, 17. — Total, 2,898.

Artillerie et génie, 1,337.

Grand état-major et gendarmerie, 266.

2e Corps.

Général de division, MARMONT, commandant en chef.
Etat-major, VIGNOLLE ; *artillerie*, Tirlet ;
genie, Lery.

Div. BOUDET. — Brig. SOYEZ, CASSAGNE.

18e légère, 1,524. — 11e de ligne, 2,288. — 35e de ligne, 1,710. —État-major, 21. — Total, 5,543.

Div. GROUCHY. — Brig. DELZONS, LACROIX.

84e de ligne, 2,066. — 92e de ligne, 2,422. — 8e batave, 1,180. — État-major, 21. — Total, 5,689.

Div. DUMONCEAU. — Brig. QUAITA, WANHADEL.

1re légère, 689. — 2e légère, 632. — 1er de ligne, 1,296. — 2e de ligne, 1,184. — Régiment de Waldeck, 1,244. — 6e régiment, 1,263. — État-major, 23. — Total, 6,331.

Div. LACOSTE. — Brig. GUÉRIN D'ÉTOQUIGNY.

6e de hussards, 568. — 8e de chasseurs, 627. — 1er de dragons bataves, 290. — 1er de hussards bataves, 290. — État-major, 9. — Total, 1,784.

Artillerie et génie gallo-batave, 1,904.

Grand état-major et gendarmerie, 154.

3e Corps.

Maréchal DAVOUST, commandant en chef.
Etat-major, d'Aultane ; *artillerie*, Sorbier et Lariboissière ; *génie*, Andréossy.

Div. BISSON. — Brig. DEMONT, DE BILLY, EPPLER.

13e légère, 1,764. — 17e de ligne, 1,917. — 30e de ligne, 1,598. — 51e de ligne, 1,812. — 61e de ligne, 1,683. — Etat-major, 23. — Total, 8,797.

Div. FRIANT. — Brig. HEUDELET, LOCHET, GRANDEAU.

15e légère, 1,100. — 33e de ligne, 1,609. — 48e de ligne, 1,542.—108e de ligne, 1,716. — 111e de ligne, 1,867. — Etat-major, 23. — Total, 7,857.

Div. GUDIN. — Brig. PETIT, GAUTHIER, KISTER.

12e de ligne, 1 761. — 21e de ligne, 1835. — 25e de ligne, 1.858. — 85e de ligne, 1,816. — Etat-major, 19. — Total, 7,289.

Div. . . — Brig. VIALANNES.

1er de chasseurs, 441. — 2e de chasseurs, 507. — 12e de chasseurs, 509. — 7e de hussards, 531. — Etat-major, 9. — Total, 2,000.

Artillerie et génie, 1,593. — Grand état-major, 51.

4e Corps.

Maréchal SOULT, commandant en chef.
Etat-major, Salligny ; *artillerie*, Pernetti ;
génie, colonel Poitevin.

Div. SAINT-HILAIRE. — Brig. THIÉBAULT, MORAND, WARÉ.

10e légère, 1,645. — 14e de ligne, 1,805. — 36e de ligne, 1,829. — 43e de ligne, 1,771. — 55e de ligne, 1,820. — Etat-major, 24. — Total, 8,894.

Div. VANDAMME. — Brig. SCHINNER, FERREY, CANDRAS.

24e légère, 1,665. — 4e de ligne, 1,924. — 28e de ligne, 1,696. — 46e de ligne, 1,732. — 57e de ligne, 1,805. — Etat-major, 24. — Total, 8,846.

Div. LEGRAND. — LEVASSEUR, MERLE, BROUARD.

26e légère, 1,679. — 3e de ligne, 1,772. — 18e de ligne, 1,800. — 75e de ligne, 1,857. — Tirailleurs corses, 784. — Tirailleurs du Pô, 749. — Etat-major, 24. — Total, 8,665.

Div. SUCHET. — Brig. BECKER, ROGER VALHUBERT, CLAPARÈDE.

17e légère, 1,896. — 34e de ligne, 1,697. — 40e de ligne, 1,647. — 64e de ligne, 1,741. — 88e de ligne, 1,728. — Etat-major, 24. — Total, 8,733.

Div. . . — Brig. MARGARON.

8e de hussards, 493. — 11e de chasseurs, 510.

16ᵉ de chasseurs, 600. — 26ᵉ de chasseurs, 500. — Etat-major, 16. — Total, 2,119.

Artillerie et génie, 2,169. — Grand état-major, 47.

5ᵉ Corps.

Maréchal LANNES, commandant en chef.
Etat-major, Compans; *artillerie*, Fouché; *génie*, colonel Kirgener.

Div. OUDINOT. — Brig. LAPLANCHE-MORTIÈRES, DUPAS, RUFFIN.

3ᵉ légère, 1,492. — 4ᵉ légère (2 bat.), 1,484. — 5ᵉ légère, 1,431. — 1ᵉʳ de ligne, 1,466. — 2ᵉ de ligne, 1,221. — État-major, 22. — Total, 7,116.

Div. GAZAN. — Brig. GRAINDORGE, CAMPANA, RHEINEWALD.

4ᵉ légère (2 bat.), 1,810. — 58ᵉ de ligne, 1,000. — 100ᵉ de ligne, 2.073. — 103ᵉ de ligne, 2,144. — État-major, 17. — Total, 7,044.

Div. . . — Brig. TREILHARD.

9ᵉ de hussards, 509. — 10ᵉ de hussards, 486. — 13ᵉ de chasseurs, 494. — 21ᵉ de chasseurs, 486. — État-major, 9. — Total, 1,984. — Artillerie et génie, 1,527. — Grand-état major, 24.

6e Corps.

Maréchal NEY, commandant en chef.
Etat-major, Dutaillis ; *artillerie*, Seroux ;
génie, colonel Casals.

Div. DUPONT. — Brig. ROYER, MARCHANT.

9e légère, 1,830. — 32e de ligne, 1,681. — 96e de ligne, 1,721. — État-major, 17. — Total, 5,249.

Div. LOISON. — Brig. VILLATTE, ROGUET.

6e légère, 1,830. — 39e de ligne, 1,688. — 69e de ligne, 1,749. — 76e de ligne, 1,867. — État-major, 19. — Total, 7,153.

Div. MALHER. — Brig. MARCOGNET, LABASSÉE.

25e légère, 1,664. — 27e de ligne, 1,713. — 50e de ligne, 1,778. — 59e de ligne, 1,791. — État-major, 19. — Total, 6,965.

Div. TILLY. — Brig. DUPRÉ.

1er de hussards, 600. — 3e de hussards, 471. — 10e de chasseurs, 471. — 22e de chasseurs, 530. — État-major, 8. — Total, 2,080. — Artillerie et génie, 1,212. — Grand état-major, 61.

7e Corps.

Maréchal AUGEREAU, commandant en chef.
Etat-major, Donzelot ; *artillerie*, Dorsner ;
génie, colonel Lagastine.

Div. DESJARDINS. — LAPISSE, LAMARQUE, AUGEREAU.

16e légère, 2,834. —44e de ligne, 1,563. — 105e de ligne, 1,951. — 7e de chasseurs, 530. — État-major, 16. — Total, 6,694.

Div. MAURICE MATHIEU. — Brig. SARUT, SARRASIN, MENARD.

7e légère, 2,280. —24e de ligne, 2,658. —63e de ligne, 1,537. — État-major, 14. — Total, 6,489.

Artillerie et génie, 1,255. — Grand état-major, 50.

Réserve de Cavalerie.

Maréchal prince MURAT, commandant en chef.
Etat-major, Belliard ; *artillerie*, Hannique ; *génie*, Flayelle.

Div. NANSOUTY. — Brig. PISTON, LAHOUSSAYE, SAINT-GERMAIN.

1er de carabiniers, 440. — 2e de carabiniers, 515. — 2e de cuirassiers, 449. — 3e de cuirassiers, 483. — 9e de cuirassiers, 405. — 12e de cuirassiers, 415. — — État-major, 17. — Total 2,724.

Div. D'HAUTPOUL. — Brig. SAINT-SULPICE, FAUCONNET.

1er de cuirassiers, 530. — 5e de cuirassiers, 432. — 10e de cuirassiers, 525. — 11e de cuirassiers, 490. — État-major, 10. — Total, 1,987.

Div. KLEIN. — Brig. Fénérolle, Lasalle, Millet.

1er de dragons, 373. — 2e de dragons, 410. — 4e de dragons 426. — 14e de dragons, 385. — 20e de dragons, 362. — 26e de dragons, 403. — État-major, 14. — Total, 2,373.

Div. WALTHER. — Brig. Sébastiani, Roget, Boussard.

3e de dragons, 360. — 6e de dragons, 356. — 10e de dragons, 375. — 11e de dragons, 353. — 13e de dragons, 366. — 22e de dragons, 360. — État-major, 12. — Total, 2,182.

Div. BEAUMONT. — Brig. Charles Boyé, Scalfort, Milhaud.

5e de dragons, 354. — 8e de dragons, 350. — 9e de dragons, 344. — 12e de dragons, 310. — 16e de dragons, 358. — 21e de dragons, 295. — Etat-major, 10. — Total, 2,021.

Div. BOURCIER. — Brig. Laplanche, Sahuc, Verdière.

15e de dragons, 312. — 17e de dragons, 365. — 18e de dragons, 359 — 19e de dragons, 394. — 25e de dragons, 369. — 27e de dragons, 366. — Etat-major, 11. — Total, 2,176.

Div. BARAGUAY-D'HILLIERS. — Brig. . . . .

1er de dragons à pied, 1,859. — 2e de dragons à pied, 1,859. — 3e de dragons à pied, 1,859. — 4e de dragons à pied, 1,859. — Etat-major, 17. — Total, 7,453.

Artillerie, 1,002. — Grand état-major, 20.

Garde impériale.

Maréchal BESSIÈRES, commandant en chef.
Etat-major, Roussel.

Grenadiers à pied, 1,549. — Chasseurs à pied, 1,281. — Garde royale italienne, 589. — Grenadiers à cheval, 628. — Chasseurs à cheval, 331. — Gendarmes d'élite, 203. — Mamelucks, 48. — Artilleurs, 285. — Train, 241 — Etat-major, 16. — Total, 5,169.

Total général des forces présentes de la grande armée, en passant le Rhin, 187,681.

IV

Les premiers coups de fusil. — Combat de Wertingen. — Les colonels Maupetit et Arrighi. — Le commandant Excelmans. — La croix d'Officier de la Légion d'honneur. — Prise d'Augsbourg.

Le 2 octobre, le quartier général était déjà à Louisbourg, dans le Wurtemberg.

Le 6, tandis que le général Mack, trompé sur les intentions de l'Empereur, se tenait immobile dans les murs d'Ulm, six corps de la Grande-Armée débouchaient à la fois au milieu des plaines de Nordlingen, et se disposaient à passer le Danube.

Jusque-là, nous n'avions pas encore aperçu l'ennemi. Ce fut la division Vandamme qui, en se présentant, le soir, au pont de Munster, eut l'honneur de tirer les premiers coups de fusil de la campagne. Quoique nos troupes fussent harassées de fatigue, elles s'emparèrent à l'instant même de ce pont. Le lendemain, celui de Donauwerth, situé à une lieue de là, fut également enlevé.

Murat met à profit ces deux premiers succès.

en franchissant aussitôt le fleuve ; il s'élance à la poursuite des Autrichiens, les culbute et se rend maître de deux autres ponts, ceux du Rhin et du Lech.

Napoléon, après avoir établi son quartier général à Donauwerth, avait ordonné à Soult de se porter sur Augsbourg, et à Murat et au maréchal Lannes d'intercepter les communications entre cette ville et Ulm.

Soult ne rencontra pas d'ennemis devant lui. Murat et Lannes furent plus heureux. A peine avaient-ils fait quelques lieues, que leur avant-garde vint se heurter contre un corps ennemi de neuf mille hommes, envoyés en reconnaissance par le général Mack.

Nos dragons marchaient en avant, un peu à l'aventure ; ils dépassaient en ce moment les premières habitations d'un petit hameau dépendant de Wertingen, lorsque tout à coup ils sont assaillis par un feu roulant qui partait de toutes les maisons à la fois. Le chef d'escadron Excelmans, alors aide de camp de Murat, et qui était accouru pour savoir ce que signifiait cette mousqueterie, fait mettre pied à terre à deux cents dragons de bonne volonté et s'élance à leur tête : d'autres détachements le suivent et l'on parvient à refouler les Autrichiens au delà de Wertingen. Mais leur infanterie nous y attendait, disposée en un carré, flanqué d'artillerie et de cavalerie. Plusieurs charges, exécutées par le général Beaumont, viennent successivement se briser contre cette masse compacte. Le colonel Maupetit, qui commande le 9e de dragons, est renversé d'un coup de baïonnette ; le colonel Arrighi et le chef d'escadron Excelmans ont chacun un cheval tué sous lui ; mais leurs efforts sont inutiles, nous ne sommes pas en nombre suffisant pour rompre ce réseau serré des baïonnettes autrichiennes.

Heureusement Murat et Lannes apparaissent avec leurs colonnes. Murat se précipite sur le carré; il tourbillonne avec ses escadrons, tandis que Lannes, à la tête des grenadiers d'Oudinot, manœuvre de manière à couper la retraite à l'ennemi. Le combat devient plus acharné que jamais ; enfin, après deux grandes heures, les Autrichiens, se voyant tout à la fois menacés par derrière et vigoureusement pressés sur leur front, commencent à s'ébranler : ils rétrogradent en bon ordre d'abord ; mais bientôt la confusion se met dans leurs rangs et une dernière charge achève leur déroute.

Ils laissaient entre nos mains trois mille prisonniers, une partie de leur artillerie et plusieurs drapeaux.

Le chef d'escadron Excelmans, qui s'était fort distingué dans cette affaire, fut chargé d'en porter l'heureuse nouvelle à l'Empereur et de lui offrir les drapeaux pris à l'ennemi. L'Empereur, comme pour rehausser encore aux yeux de l'armée l'éclat de ce premier succès, reçut le jeune commandant au milieu de son état-major, et voulut lui remettre lui-même la croix d'officier de la Légion d'honneur.

Tandis que Murat harcelait les débris de ce corps autrichien, Soult joignit le gros des fuyards au village d'Aichach, dans la journée du 9; il les poussa si vigoureusement, qu'il pénétra presque en même temps qu'eux dans Augsbourg.

Le soir, une partie du corps gallo-batave, les deux divisions bavaroises, la garde et le corps du maréchal Lannes prirent position devant cette ville, dans le but de fermer toute retraite à l'armée de Mack.

V

Attaque des ponts de Guntzbourg et de Reisensbourg. — Le colonel Lacuée, du 59e de ligne. — Circonstances mystérieuses de sa mort. — Le Fantôme. — Le commandant Steingel et Bonaparte. — Desaix à Marengo.

Napoléon, afin de serrer de plus près encore le général Mack, fit remonter aussitôt le Danube à Murat et à Lannes par la rive droite, et à Ney par la rive gauche. Ce dernier avait l'ordre de s'emparer de tous les ponts établis sur ce fleuve, afin d'être en mesure d'agir sur les deux rives.

A Grumberg, Ney trouva une partie de l'armée autrichienne en position, l'aborda résolûment à la baïonnette et la rejeta sur la ville de Guntzbourg. Mais elle fut immédiatement ralliée par l'archiduc Ferdinand, accouru pour arrêter notre marche et nous disputer les ponts dont la possession devait nous ouvrir la route d'Ulm.

Ney détacha le général Malher pour s'emparer de celui de Guntzbourg. Ce général s'avança à la tête de la brigade Marcognet, emporta les premières positions, et fit même deux ou trois cents prisonniers ; mais, au moment de passer le pont, il s'aperçut que les Autrichiens en avaient détruit plusieurs travées, et, malgré les plus héroïques efforts, il ne put les reconstruire.

Nous fûmes plus heureux au pont de Reisensbourg ; il n'y manquait qu'une seule travée, et nos soldats parvinrent à la rétablir au milieu de la vive canonnade et de la mousqueterie plus vive encore qui partaient de la rive opposée. Une fois le passage ouvert, le général de brigade Labassée s'y jette à la tête du 59ᵉ de ligne, commandé par le colonel Lacuée. Rien n'arrêta plus alors nos troupes, qui, lancées au pas de course, emportèrent Reisensbourg à la baïonnette. Mais le brave Lacuée paya ce succès de sa mort. Ce colonel était adoré de ses soldats : sa perte les exaspère, ils jurent de ne faire aucun quartier à l'ennemi, renversent et tuent tout ce qui s'oppose à leur marche.

La cavalerie autrichienne s'élance pour arrêter et enlever le 59ᵉ, tout seul en ce moment de l'autre côté du Danube. Ce brave régiment se forme aussitôt en carré et attend de pied ferme le choc. Deux fois les escadrons ennemis se précipitent sur les baïonnettes de nos soldats; deux fois reçus à bout portant par un feu meurtrier, ils doivent reculer. Pendant ce temps, le général Malher était accouru avec le reste de sa division ; mais le 59e était maître du champ de bataille.

L'archiduc Ferdinand ne songea plus à nous disputer Guntzbourg ; il rentra précipitamment sous les murs d'Ulm, dans la nuit du 9 au 10, suivi d'un grand nombre de généraux. D'un autre côté, Mack, qui avait dû quitter Burgau à l'approche de Murat, ramenait aussi son quartier général à Ulm.

Que l'on nous permette d'interrompre un instant le récit des opérations militaires pour dire quelques mots des circonstances mystérieuses de la mort du colonel Lacuée ; elles sont trop extraordinaires et trop surprenantes pour n'être pas divulguées.

La nuit même qui précéda la prise de Reisensbourg, le colonel, après les fatigues d'une longue marche, s'était endormi d'un sommeil profond. A peine avait-il reposé quelques heures, qu'un cauchemar, un rêve affreux, le réveillait en sursaut : un de ses camarades d'armes, tué dans la dernière campagne d'Italie, lui était apparu en songe et lui avait dit d'un ton très-significatif : *C'est pour demain 9 octobre !*

Le colonel se rendormit bientôt, mais la même vision vint encore s'offrir à lui : seulement, cette fois, le spectre, s'approchant de plus près, et étendant son bras osseux jusque sous le chevet où était placée la montre du colonel, posa le doigt sur le chiffre qui marquait deux heures.

Lacuée se réveilla de nouveau : une sueur froide couvrait ses membres, agités par un tremblement convulsif. Il appela son domestique et essaya de tous les moyens à sa disposition pour calmer cette agitation violente. Il voulut lire, mais ses paupières brûlantes, et distraites tout à la fois, ne pouvaient se fixer sur le papier. Poursuivi, obsédé par cette sinistre visite, il lui semblait voir le doigt du fantôme tracer entre chaque ligne le chiffre menaçant.

Enfin le jour parut. Le colonel, se trouvant un peu mieux, sortit pour vaquer comme d'habitude aux soins de son service. Ses traits se ressentaient de la secousse qu'il avait éprouvée ; on lui en fit la remarque et il raconta

alors dans le plus grand détail, d'un air moitié sérieux, moitié plaisant, son rêve de la nuit dernière.

Quelques instants après, il recevait l'ordre de marcher en avant : une balle lui traversait le front... A sa montre, il était deux heures précises!

Mais ce qu'il y a de plus étrange encore, c'est que cet ancien compagnon d'armes, dont la lugubre apparition l'avait si fortement ému, n'était autre que le commandant Steingel, tué à Marengo, après avoir eu lui-même une vision du même genre. Cette fin tragique de Steingel est bien connue ; elle a fait, dans le temps, le sujet des conversations de toute l'armée, et nous ne la rapportons ici que pour mémoire.

Une heure avant la bataille de Marengo, le commandant abordait le premier consul :

— Mon général, lui disait-il, je viens vous recommander ma famille, je serai tué aujourd'hui.

— Steingel, d'où vous vient ce sinistre pressentiment? fit Bonaparte.

— D'un rêve que j'ai fait cette nuit ; et vous saurez, général, que ces avertissements surnaturels n'ont jamais manqué à aucune crise de ma vie. Je venais de m'endormir lorsqu'une étreinte puissante me réveilla tout à coup. J'étais dans les bras d'un dragon autrichien, espèce de colosse qui me dit avec un rire infernal : « Dans deux heures tu seras à moi ! » l'uniforme du soldat disparut alors comme par enchantement, et il ne resta que l'affreux squelette de la mort qui m'étreignit avec force. Trois fois je fus réveillé par la même vision Croyez ou ne croyez pas, général, mais ma conviction est arrêtée, je ne verrai pas votre victoire.

Vainement Bonaparte essaya de combattre ce funeste présage, dont toutefois il demeura lui-même très-frappé : on sait que sa destinée miraculeuse l'avait rendu plus que personne accessible aux pressentiments.

Il n'y avait pas deux heures que la bataille était engagée, lorsqu'une charge de cavalerie mit en présence le corps des guides et les dragons autrichiens. Un de ces derniers sortit des rangs et vint se ruer sur Steingel que l'on entendit s'écrier : « C'est toi, je te reconnais, je t'appartiens. »

Et il tomba frappé en pleine poitrine !

Cette voix secrète, ces avertissements d'en

haut, qui viennent vous assaillir quelques heures avant votre dernière bataille, et quelquefois au moment même d'une charge à l'ennemi, sont très communs à la guerre. La veille même de Marengo, Desaix ne disait-il pas à ses aides de camp ? « Voilà bien longtemps que je ne me bats pas en Europe, les boulets ne me connaissent plus, il m'arrivera malheur ! »

Le lendemain, le sort des combats lui tenait parole.

Le brave Lacuée était le premier colonel tué dans la campagne. L'Empereur voulut qu'on lui fît de magnifiques funérailles. Le 6e corps y assista tout entier et honora par d'unanimes regrets la mémoire de cet intrépide officier.

VI

Glorieuse et brillante affaire d'Haslach. — Le général Dupont et l'archiduc Ferdinand. — L'*incomparable* 9e légère et la *brave* 32e. — Le colonel Saint-Dizier. — *Six mille* Français contre *vingt-cinq mille* Autrichiens! — Prise de Memmingen, par Soult.

L'Empereur partit de Donauwerth avec la garde pour se transporter à Augsbourg, où il fit son entrée le 10. Il dirigea immédiatement Soult sur Memmingen, afin de maintenir ses communications avec le corps de Ney.

Le 11, Soult arrivait à Lansberg, lorsqu'il y rencontra le régiment des cuirassiers de l'archiduc Ferdinand, qui se repliait sur Ulm à marches forcées : il n'hésita point à faire attaquer cette grosse cavalerie par le 26e de chasseurs. La charge fut si impétueuse, que les cuirassiers, culbutés, eurent un escadron d'enlevé avec deux canons.

Soult continua sa route vers Memmingen.

Presque à la même heure, le général Dupont, qui se portait en vue d'Ulm, arrivé au hameau d'Haslach, se trouvait tout à coup en présence de vingt-cinq mille Autrichiens commandés par l'archiduc Ferdinand. Dupont n'avait sous ses ordres que six mille hommes, avec quelques canons; mais au nombre de ses régiments il comptait deux de ces fameuses demi-brigades d'Italie, accoutumées à combattre dans la proportion d'un contre six, et quelquefois davantage; c'était l'*incomparable* 9e légère et la *brave* 32e, commandée par le colonel Darricau.

Le général français ne balança pas à attaquer. Il plaça à sa gauche, dans le hameau d'Haslach, le 32e, le 1er hussards et une partie de son artillerie ; à sa droite, le 96e, commandé par le colonel Barrois ; le 9e léger, par le colonel Meunier ; le 17e de dragons, par le colonel Saint-Dizier. Il fit en même temps occuper par un détachement le village de Jungigen qui se trouvait en avant de sa droite.

Ces dispositions prises, il ordonna au 9e léger et au 96e de se jeter tête baissée, la baïonnette en avant, sur la première ligne autrichienne. Ces deux régiments s'avancent au pas de charge, renversent cette première ligne, et font quinze cents prisonniers. Animés par ce succès, nos soldats voulaient pousser en avant ; mais, prudent jusque dans l'audace, Dupont les retint dans la crainte qu'ils ne fussent enveloppés par la cavalerie autrichienne.

Toutefois, l'archiduc revenant avec des troupes fraîches, le général n'hésita pas plus que la première fois à lancer contre lui ses régiments à la baïonnette : les Autrichiens furent culbutés de nouveau, et perdirent encore un nombre considérable de prisonniers.

C'est alors qu'ils se jetèrent en désespérés sur nos ailes et sur le village d'Haslach où leurs prisonniers avaient été entassés. Le 32e leur disputa le terrain pied à pied avec une valeur digne de sa réputation, et parvint à les repousser, à l'aide du 1er de hussards, qui fournit plusieurs charges brillantes.

Chassé de ce point, l'ennemi se replia sur le village de Jungigen, qui n'était occupé, comme on l'a vu, que par un faible détachement ; il emporta ce village de vive force, après une résistance héroïque de nos soldats. Le général Dupont, qui comprenait toute l'importance de cette position, la fit reprendre par le 96e. L'ennemi nous en débusqua encore ; enfin, repris et reperdu cinq fois de suite, Jungigen finit par nous rester. Dans ce combat corps à corps, si opiniâtrément soutenu de part et d'autre, l'ennemi nous avait laissé de nouveaux prisonniers.

Cependant l'archiduc Ferdinand, voulant avoir raison de cette poignée de braves, ordonne à sa cavalerie de s'ébranler sur toute la ligne pour nous envelopper. Le 17e de dragons qui s'aperçoit de cette manœuvre, se dévoue pour en empêcher le succès : il charge intrépidement l'ennemi. Son colonel, le valeureux Saint-Dizier, qui s'était jeté au plus fort de la mêlée, tombe mortellement atteint de plusieurs coups de sabre. Une lutte des plus sanglantes s'engage autour de son corps que ses soldats réussissent à emporter, tout en cédant néanmoins du terrain à l'ennemi.

Heureusement la nuit était venue séparer les combattants. Le général Dupont en profita pour se retirer sur Albeck, qu'il regagna en bon ordre, emmenant avec lui quatre mille prisonniers, nombre presque égal à celui de ses soldats.

Six mille Français s'étaient battus avec avantage, pendant cinq heures, contre *vingt-cinq mille* Autrichiens!

VII

L'Empereur et le général Marmont sur le pont du Lech. — Temps affreux. — Harangue de Napoléon aux troupes. — Le vieux grognard Lambert.

Nous avons laissé le maréchal Soult se dirigeant, le 11, sur Memmingen.

Le 12, il arriva sous les murs de cette place, occupée par neuf bataillons, sous les ordres du général-major comte de Spangen. L'état des fortifications permettait de soutenir un siége de plusieurs jours ; mais telle était la démoralisation qui s'était emparée des Autrichiens, à la suite des revers successifs qu'ils avaient éprouvés, qu'après une résistance de vingt-quatre heures à peine, la garnison demanda à capituler. Six mille prisonniers vinrent ainsi s'ajouter à ceux que nous avions déjà faits depuis l'ouverture de la campagne. On trouva en outre, dans la ville, un matériel considérable ; mais un résultat bien autrement important pour nous, c'est que, par la prise de Memmingen, les communications de l'ennemi avec le Tyrol se trouvaient coupées.

Soult repassa l'Iller pour prendre position devant Ulm, déjà investi par Ney et Murat, et dont Lannes venait de compléter le blocus à l'ouest, en donnant la main au général Marmont, arrivé d'Augsbourg avec le deuxième corps.

L'Empereur, suivi de sa garde, avait quitté cette ville le 12, à onze heures du soir, pour porter son quartier général à Weissenhorn. Sur le pont du Lech, il rencontra le corps de Marmont ; et sa berline, arrêtée par l'encombrement des troupes, fut obligée de prendre le pas.

Le temps était affreux : il neigeait à gros flocons, et les routes, transformées en véritables mares par la neige fondue, étaient à peu près impraticables. A ces rigueurs de la saison, si l'on ajoute encore les privations de toute sorte que nos soldats avaient à endurer, on ne s'étonnera pas que leur moral en fût quelque peu affecté.

— En voilà un sauvage de pays! disait un vieux soldat chevronné de la division Boudet, un de ces types encore rares de grognards, comme l'armée en compta beaucoup par la suite. Cré coquin! j'en ai de c'te boue jusque dans ma giberne. Si encore on pouvait se rafraîchir de quelques bons coups de fusil, en manière de nations civilisées! Mais y a pas mèche seulement de brûler une amorce avec ces maudits Kaiserlicks. Et dire que j'ai cependant là, sur les reins, cinq paquets de cartouches : ça commence à m'enfifrer un peu.

— T'es jamais content, toi, Lambert, lui répliquait son voisin : t'as de la boue jusqu'aux genoux, c'est vrai, mais tu marches à la gloire.

— Ah! oué! la gloire! c'est bon pour ces

paroissiens de chapeaux galonnés, ces feignants de l'état-major, qui dorment la grasse matinée, dînent trois fois pendant que nous nous brossons le ventre, et marchent en voiture.

Et, disant cela, il avait jeté un regard de travers sur la berline qui partait au trot en ce moment.

L'Empereur n'avait pas perdu un mot de cette conversation, et il avait ri tout d'abord de s'entendre traiter de *feignant qui dort la grasse matinée et dîne trois fois;* puis il réfléchit et jugea à propos de monter à cheval pour se faire voir à ses soldats, et leur adresser quelques paroles d'encouragement. Sa présence eut sur eux tout l'effet qu'il en attendait. Il leur exposa la situation désespérée de l'ennemi, qui se trouvait enveloppé, leur annonça une bataille décisive sous peu de jours et leur promit une victoire éclatante. Tout cela fut dit de ce ton dont il savait si bien griser les troupes; aussi répondirent-elles à cette courte harangue par des cris unanimes de *vive l'Empereur!*

Ils étaient si fiers, ces soldats, de voir le plus grand capitaine des temps modernes leur expliquer ses plans, qu'ils oublièrent aussitôt leurs souffrances pour ne plus songer qu'à la victoire qui leur était promise. Ceux qui avaient entendu les paroles de l'Empereur les répétaient à ceux qui n'avaient pu les entendre ; et, sous cette impression, l'enthousiasme et la gaieté eurent bien vite repris leur niveau ordinaire. Il n'est pas jusqu'à cet enragé grognard de Lambert qui ne fût dans le ravissement depuis qu'on lui avait parlé bataille : histoire de rire un peu et de travailler la peau, comme il le disait, à messieurs les Russes et aux *Autrechiens*.

VIII

Entrée de Bernadotte dans Munich. — Arrivée de l'Empereur devant Ulm. — Le pont, le village et le monastère d'Elchingen.

Le 12 octobre, le maréchal Bernadotte fit son entrée dans Munich avec les divisions Kellermann et de Wrède ; il avait chassé de position en position le général Kienmayer chargé de la défense de cette place, lui avait tué environ cinq cents hommes, fait un millier de prisonniers et enlevé deux pièces de canon. Le soir, la ville manifesta par une illumination générale sa joie d'être délivrée de la présence des Autrichiens. Il y avait juste un mois que ces derniers avaient envahi Munich et forcé l'Électeur à s'enfuir à Wurtzbourg. Napoléon écrivit sur-le-champ à ce souverain pour l'inviter à revenir dans sa capitale.

Arrivé le 13 au matin devant Ulm, l'Empereur visita aussitôt les diverses positions de son armée. Quelques heures lui suffirent pour tout voir par lui-même, jusqu'aux moindres postes ; en rentrant il donna ses ordres pour commencer l'attaque le lendemain.

Mais Ulm ne pouvait être réduit qu'autant que nous serions complétement maîtres des deux rives du Danube. Or, pour cela, il fallait d'abord rétablir le pont d'Elchingen dont il ne restait plus que les chevalets, puis le franchir, puis enlever le village qui porte ce nom et dont les maisons sont disposées comme par gradins sur un monticule formant amphithéâtre, avec ses jardins pleins de fleurs et de vignes; puis enfin s'emparer du monastère qui couronne cet amphithéâtre. Ce point, dont la possession était si importante pour nous, était défendu par vingt mille hommes, habilement retranchés et pourvus d'une artillerie formidable. Une noble émulation faisait ambitionner à chacun des maréchaux l'honneur d'être choisi pour enlever cette position. C'est à l'intrépide Ney que l'Empereur confia cette tâche périlleuse.

IX

Attaque conduite par le maréchal Ney. — Le capitaine Coysel et le sapeur. — Le 39e de ligne et le 6e léger. — Le général Villatte. — Les 69e et 76e de ligne. — Le 18e de dragons et le 3e de hussards. — Prise d'Elchingen.

Dès le petit jour, Ney était sur pied. Il se dirigea au galop vers le Danube, poussa son cheval dans l'eau jusqu'au poitrail, et présida lui-même aux travaux des pontonniers, sous la mitraille et les balles auxquelles il servait de point de mire par l'éclat de son grand uniforme de maréchal et ses décorations. Ce fut un aide de camp du général Loison, le capitaine Coysel, qui établit avec un sapeur la première poutre sur les chevalets du pont. Ce sapeur eut la jambe emportée par un boulet; un autre lui succéda qui tomba pareillement ; puis à celui-ci un troisième, et ainsi de suite, jusqu'à ce que le dernier chevalet de la dernière travée fût enfin recouvert.

Dans leur impatience d'aborder l'ennemi, les troupes n'attendirent même pas que les travaux fussent consolidés. Les grenadiers du 39e de ligne, les carabiniers du 6e léger se précipitèrent à l'envi sur le pont, et cela, au travers d'un feu terrible qui les prenait tout à la fois de front et en écharpe. Ils arrivent au pas de course sur la rive opposée, et renversent les Autrichiens; mais ceux-ci reviennent à la charge pour empêcher les Français de s'y établir. Le 39e et le 6e léger s'élancent aussitôt pour aller soutenir leurs compagnies d'élite. Le 39e est arrêté par notre cavalerie, qui, de son côté, brûlait de faire le coup de sabre; son premier bataillon, conduit par le général Villatte, peut seul traverser le pont et prendre position sur la rive. Là, il trouve devant lui trois bataillons ennemis, et il lui faut, en outre, essuyer plusieurs charges de cavalerie. Malgré les plus héroïques efforts, il est ramené sur le rivage, près du pont ; mais, secouru alors par le second bataillon et par les 69e et 76e de ligne, il a bientôt reconquis le terrain perdu.

Nous étions enfin maîtres de toute la plaine à droite du pont, et les Autrichiens regagnaient en toute hâte les hauteurs d'Elchingen.

Cependant le maréchal Ney s'était réservé pour lui-même la tâche la plus difficile et la plus dangereuse : celle d'emporter le village et le couvent qui le couronnait. Il se mit à la tête du 6e léger et commença l'attaque.

Il fallut faire le siége de chaque maison et les enlever l'une après l'autre, avant de parvenir sous les murs du monastère, où, comme nous l'avons dit, l'ennemi avait concentré une partie de ses moyens de défense. Mais quels obstacles pouvaient résister à l'impétuosité de nos troupes, conduites par un tel chef? Tout céda devant elles, et bientôt elles débouchèrent sur les plateaux qui dominent la ville d'Ulm. L'infanterie autrichienne s'y était formée en plusieurs carrés de deux ou trois mille hommes chacun, qui présentaient de tous côtés un front redoutable. Ney rangea la sienne en colonnes, derrière sa cavalerie.

Le 18e de dragons chargea le premier un de ces carrés, l'enfonça et lui fit mettre bas les armes; le 3e de hussards, de son côté, obtint le même succès contre deux bataillons. Il n'en fallut pas davantage pour déterminer la retraite des Autrichiens, qui nous abandonnèrent trois mille prisonniers, des drapeaux et plusieurs canons.

Nos fastes militaires citent avec orgueil cette brillante affaire, dont le nom s'est perpétué, à titre de noblesse, dans la famille du maréchal Ney.

X

Mack rejeté dans Ulm. — Attaque des positions avancées de la ville. — Danger que court l'Empereur. — La gloire ne se partage pas. — Les hauteurs du Michelsberg et les retranchements du Frauenberg sont enlevés. — Le général Claparède. — Le colonel Vedel et le 17ᵉ léger. — Capitulation d'Ulm. — M. de Ségur. — Le général Mack et le maréchal Berthier. — Murat à la poursuite de l'archiduc Ferdinand et du général Werneck. — Nombreux et glorieux trophées.

La belle et savante manœuvre de l'Empereur était accomplie : il ne s'agissait plus que d'en recueillir les fruits.

Le général Mack, rejeté dans Ulm, s'y trouvait enfermé littéralement dans une ceinture de fer, et n'avait plus d'autre alternative que de s'ouvrir un passage l'épée à la main, ou de s'ensevelir glorieusement sous les ruines de la place. Sa position rappelait celle du général Mélas, en 1800, quand ce dernier fut cerné dans Alexandrie par Bonaparte. Tous les deux avaient été tournés par une marche rapide, et séparés de leurs communications sans qu'il leur restât aucun espoir d'être secourus. On sait que Mélas se décida à livrer bataille : il est vrai de dire que ses forces étaient numériquement bien supérieures à celles de son adversaire. Mack n'avait guère à nous opposer que le tiers des forces dont nous disposions : outre les pertes considérables qu'elle avait faites, l'armée autrichienne avait été imprudemment dégarnie de plusieurs de ses divisions; le général Jellachich, envoyé avec six mille hommes au secours de la place de Memmingen, avait été contraint de se replier devant Soult et de gagner le Tyrol; de son côté, le général Kienmayer s'était vu rejeter par Bernadotte, avec plus de douze mille hommes, sur l'autre rive de l'Iser; quant à Werneck, sorti d'Ulm pour explorer les voies qui pouvaient rester ouvertes à une retraite, il avait été coupé par la division Dupont, et mis ainsi dans l'impossibilité de rentrer dans cette place; enfin, l'archiduc Ferdinand, n'ayant pu faire partager à Mack sa résolution de se frayer un passage à travers l'armée française, venait de se dérober, pendant la nuit, avec six à sept mille chevaux et quelque infanterie. C'était, en y comprenant le corps de Werneck, vingt mille hommes environ dont Mack se voyait privé, en sorte que ses forces se trouvaient réduites à trente mille soldats.

Telle était la situation, le 15 au matin, lorsque l'Empereur, qui avait résolu d'en finir, ordonna à Ney d'emporter les hauteurs du Michelsberg, et à Lannes celles du Frauenberg, au pied desquelles est assise la ville d'Ulm.

Il ne faisait pas encore jour que Lannes se mettait en mouvement pour passer le pont d'Elchingen; Ney, de son côté, s'élançait à la tête de ses régiments : l'Empereur commandait en personne. A peine le combat est-il engagé, que les Autrichiens démasquent tout à coup, à demi-portée de canon, une batterie de cinq pièces qui vomit la mitraille sur l'escorte impériale. Le maréchal Lannes, effrayé de ce péril extrême pour la personne de l'Empereur qui demeurait impassible, saisit brusquement la bride du cheval de Napoléon et le force à se détourner. L'Empereur se porte un peu plus à gauche, et là il s'aperçoit que Ney a déjà enlevé une partie du Michelsberg : il lui envoie dire aussitôt, par le général Dumas, de ralentir son attaque et de la faire marcher de front avec celle de Lannes, afin de diviser les forces de l'ennemi. « La gloire ne se partage pas, » répond vivement le maréchal Ney, qui continue d'avancer au milieu d'un feu terrible. Bientôt il est maître du Michelsberg et prend position sur le versant qui conduit à Ulm. Lannes avait pareillement forcé toutes les redoutes et les retranchements du Frauenberg.

Dès lors, les deux maréchaux n'avaient plus, pour ainsi dire, qu'à se donner la main pour se précipiter ensemble sur les murs de la place.

Mais l'Empereur, dans le but d'épargner le sang de ses soldats, ordonne de cesser le feu : il voulait essayer de la voie des négociations avant d'en venir à un assaut décisif.

Malheureusement les troupes étaient lancées, et il était bien difficile de les retenir. Déjà le général Claparède et le colonel Védel, du 17e léger, entraînés par leur bouillante ardeur, s'étaient emparés d'un bastion avancé. De leur côté, les Autrichiens qui s'étaient aperçus de la position aventurée de ce régiment, étaient revenus à la charge, et, le prenant entre deux feux, menaçaient de l'envelopper ; le 17e dut se faire jour à la baïonnette pour rejoindre sa ligne de bataille. Sur plusieurs autres points encore, nos soldats s'obstinaient à combattre, demandant à grands cris qu'on les laissât monter à l'assaut.

Il fallut un nouvel ordre de l'Empereur pour enchaîner enfin le courage des troupes, et les contraindre à ajourner la victoire au lendemain.

Le lendemain, tout fut préparé pour un assaut général.

Toutefois, l'Empereur envoya, sur le soir, un des officiers de son état-major, M. de Ségur, sommer le général Mack de lui ouvrir les portes de la place, avec menace, en cas de refus, de passer la garnison au fil de l'épée. Les négociations durèrent deux jours. Mack se décida enfin à signer, avec le maréchal Berthier, une convention, aux termes de laquelle la ville d'Ulm serait remise le 26, si, le 25 à minuit inclusivement, un corps austro-russe ne s'était pas présenté pour débloquer la place : la garnison devait déposer les armes et être prisonnière de guerre ; les sous-officiers et soldats seraient envoyés en France, mais les officiers pourraient rester en Autriche sur parole donnée de ne pas servir contre la France ; quant aux drapeaux, armes, munitions, chevaux et magasins, tout cela tombait naturellement en notre pouvoir.

Les soins de cette capitulation n'absorbaient pas tellement l'Empereur, qu'il ne songeât à tirer parti de tous ses avantages contre l'ennemi. Dès qu'il avait eu la certitude que l'archiduc Ferdinand et le général Werneck s'étaient échappés d'Ulm, il avait envoyé Murat à leur poursuite avec la réserve de cavalerie, les grenadiers Oudinot et la division Dupont.

Murat s'acquitta de cette mission avec une activité et un succès qui ne laissèrent rien à désirer.

Parti dans la matinée du 16, il rejoignit à Nérenstetten le général Werneck, lui prit deux drapeaux, et fit en outre trois mille prisonniers.

Le lendemain soir, Murat atteignit de nouveau les Autrichiens à Neresheim, où le général Wernéck venait de faire sa jonction avec l'archiduc Ferdinand ; il les chargea avec son intrépidité ordinaire, les culbuta, et les obligea à chercher leur salut dans la fuite en nous abandonnant deux mille prisonniers. Cependant le général Werneck chercha à rallier ses troupes au village de Trochtelfingen ; mais Murat ne lui en laissa pas le temps : entré dans ce village avec ses infatigables dragons presque au même moment que le général autrichien, il lui intercepta toute retraite et le força de capituler.

Murat continua de pousser en avant ; et le 18 octobre, dix mille Autrichiens se constituèrent prisonniers avec armes et bagages : les officiers, toutefois, purent retourner dans leurs foyers sur parole.

Mais ce n'était point encore assez pour Murat : il avait juré de ne pas laisser échapper un seul homme. Dans ce but, il se porta à grandes étapes sur Nuremberg, où il savait devoir rencontrer le prince Ferdinand. Là, en effet, il rejoignit ce qui restait de l'armée autrichienne, et en eut facilement raison.

La mission de Murat était alors accomplie. A part la personne de l'archiduc qui avait pu s'échapper et gagner la Bohême, grâce au dévouement d'un sous-officier qui lui donna son cheval, Murat avait tenu sa parole : l'armée autrichienne n'existait plus.

Seize à dix-sept mille prisonniers, parmi lesquels huit généraux et deux cents officiers ; quinze drapeaux, cent vingt pièces d'artillerie et le trésor de l'armée autrichienne, tels furent les trophées de l'expédition de Murat.

Le plus avide de gloire pouvait s'en contenter.

XI

Entrée des Français dans Ulm. — La garnison, prisonnière de guerre, défile devant l'Empereur. — Admiration des soldats autrichiens pour sa personne. — Conversation de Napoléon avec le général Mack, le prince de Lichtenstein, les comtes Klenau et Giulay. — La tactique de l'Empereur qualifiée par nos soldats. — Départ pour Augsbourg et Munich.

L'Empereur vit dans ce succès un moyen d'avancer le terme de la capitulation, c'est-à-dire de gagner les quelques jours qui restaient à courir. A cet effet, il manda, le 19 au matin, le général Mack à son quartier général, pour lui représenter qu'il n'avait plus raisonnablement à compter sur aucun secours, et que rien ne pouvait le sauver : ménageant, du reste, avec habileté son amour-propre, il rejeta toute la responsabilité de la situation désespérée à laquelle il était réduit, sur les fautes et les divisions de ses généraux, et l'amena ainsi à lui livrer la place d'Ulm cinq jours avant la date fixée par la capitulation.

Conformément à cette nouvelle convention, une brigade française prit, le lendemain 20 octobre, possession d'une des portes de la ville, celle de Stuttgard. De son côté, l'armée autrichienne quitta ses quartiers, vers midi, pour venir défiler devant l'Empereur. Elle comptait encore près de trente mille hommes, quarante drapeaux et soixante canons ; elle était commandée par dix-huit généraux, parmi lesquels on distinguait Mack, les princes Jean de Lichtenstein et de Hesse-Hombourg, les comtes Klenau et de Giulay, les barons Laudon et d'Aspre, etc. Trois ou quatre mille blessés restaient dans la place.

L'Empereur s'était placé au pied du Michelsberg, sur un petit tertre près duquel on avait allumé un grand feu. Entouré de son état-major et de sa garde, il avait son infanterie rangée en demi-cercle sur le versant des hauteurs, derrière lui, et en face, déployée sur une ligne immense, sa cavalerie.

Le général Mack ouvrit le défilé.

— Voici le malheureux Mack, dit-il à l'Empereur avec tristesse, en lui remettant son épée.

Napoléon lui fit un noble accueil et chercha à le consoler en lui disant que les armes sont journalières et que, dans les combats, les revers sont toujours mêlés aux succès.

A mesure que ces différents corps passaient, l'Empereur faisait arrêter les généraux-commandants et les retenait courtoisement auprès de sa personne. Quant aux soldats, ils semblaient comme oublier le sentiment de leur humiliation, en contemplant au passage le grand capitaine aux pieds duquel ils déposaient leurs armes et leurs drapeaux : une irrésistible curiosité relevait alors leur figure abattue, et n'y laissait plus apercevoir qu'une naïve admiration.

Cependant l'Empereur, s'adressant aux généraux autrichiens qui l'entouraient :

— Je ne sais vraiment pas, messieurs, leur

dit-il, pourquoi nous sommes en guerre ; je ne la voulais pas, je ne songeais même pas à vous la faire, quand tout à coup vos armées ont marché contre moi et ont envahi les Etats de mon allié l'Electeur de Bavière. Peut-être ignoriez-vous quelles sont mes ressources? J'ai en Allemagne deux cent mille hommes, et deux cent mille autres en France, qui n'attendent qu'un signe pour accourir sous mes drapeaux. Vos soldats, qui vont traverser cette France comme prisonniers, pourront voir l'esprit qui anime mon peuple, et l'empressement qu'on mettrait à m'obéir. J'ai un conseil à donner à l'empereur mon frère : qu'il se hâte de faire la paix ; toutes les dynasties ont une fin ; qu'il ne provoque pas celle de la maison de Lorraine! Je ne désire aucun agrandissement sur le continent ; ce que je veux, ce sont des vaisseaux, des colonies, du commerce, et cette ambition peut vous être aussi profitable qu'à moi.

Le général Mack ayant répondu que l'empereur son maître avait été entraîné à la guerre contre son gré par la Russie.

- Votre maître est donc bien faible! répliqua Napoléon.

Puis, comme s'il eût voulu effacer ce que toutes ces paroles pouvaient avoir de trop sévère, il reprit la conversation sur le ton d'une familiarité toute gracieuse, et s'adressa en particulier à plusieurs généraux, notamment au prince Lichtenstein, au comte Giulay, et ensuite au général Klénau, qu'il avait connu autrefois en Italie.

Cette conversation durait encore lorsque cinq heures sonnèrent à la cathédrale d'Ulm et à la magnifique horloge de son hôtel de ville. Le soleil commençait à disparaître à l'horizon; un bandeau rougeâtre marquait encore sa trace sur les hauteurs du Michelsberg et des montagnes environnantes; mais déjà le crépuscule s'étendait dans la vallée, enveloppant de ses teintes grises les hommes et les chevaux; on ne distinguait plus la couleur des uniformes, lorsque les dernières files des Autrichiens achevèrent de passer devant l'Empereur.

Ainsi se termina ce spectacle imposant, cette ovation aussi belle que les plus belles de la Rome des Consuls et des Césars.

L'Empereur, suivi de son escorte, regagna son quartier général. Le lendemain, il se dirigeait avec sa garde sur Augsbourg et Munich.

Le but qu'il se proposait était atteint en grande partie : les troupes de la maison d'Autriche chassées de la Bavière ; notre allié rétabli dans ses Etats ; une armée entière détruite : près de soixante mille prisonniers, deux cents pièces de canon, quatre-vingts et quelques drapeaux, deux mille officiers et tous les généraux en notre pouvoir ; tels étaient les immenses résultats d'une campagne de quinze jours !

Et, ce qui est sans exemple dans les proportions ordinaires des pertes de la guerre, ces résultats ne nous avaient pas coûté au delà de quinze cents hommes.

C'était la conséquence de ce système de grandes manœuvres inaugurées par Napoléon, et que nos soldats dans leur langage pittoresque, qualifiaient ainsi :

« Notre Empereur, disaient-ils, a trouvé une nouvelle manière de faire la guerre : il ne la fait plus avec nos bras, mais avec nos jambes. »

L'Empereur allait bientôt la faire avec leurs bras : Ulm était l'aurore du *soleil d'Austerlitz !*

FIN DU LIVRE PREMIER.

EN VENTE

CAMPAGNE D'AUTRICHE

([illegible])

A PARAÎTRE SUCCESSIVEMENT :

Campagnes de Prusse.

— **de Pologne.**

— **d'Espagne.**

— **d'Autriche (1809).**

— **de Russie.**

— **de Saxe.**

— **de France.**

— **des Cent-Jours.**

CONDITIONS DE LA SOUSCRIPTION

Cet ouvrage unique des *Campagnes de la Grande Armée* contiendra vingt petits livres soigneusement imprimés.

Chaque livre, formant un tout complet, peut s'acheter séparément.

Il paraît un livre tous les quinze jours depuis le 25 juin 1854.

Prix de chaque Livre, 30 centimes

DÉPARTEMENTS

En envoyant à l'auteur, rue St-Roch, 34, un mandat de 8 fr. sur la poste, on reçoit successivement et franco les vingt Livres.

PARIS. — IMP. SIMON RAÇON ET COMP., RUE D'ERFURTH, 1.